MÉLANGES MILITAIRES

VIII, IX et X

ÉTUDE THÉORIQUE

SUR

L'ORGANISATION

D'UN

CORPS D'ÉCLAIREURS A CHEVAL

PAR

H. de la F.

PARIS

CH. TANERA, ÉDITEUR

LIBRAIRIE POUR L'ART MILITAIRE ET LES SCIENCES

Rue de Savoie, 6

1872

ORGANISATION

D'UN

CORPS D'ÉCLAIREURS A CHEVAL

PUBLICATIONS

DE LA RÉUNION DES OFFICIERS

—

———

117 — Imp. H. Carion, rue Bonaparte, 64.

ÉTUDE THÉORIQUE

SUR

L'ORGANISATION

D'UN

CORPS D'ÉCLAIREURS A CHEVAL

PAR

H. de la F.

PARIS

CH. TANERA, ÉDITEUR

LIBRAIRIE POUR L'ART MILITAIRE ET LES SCIENCES

Rue de Savoie, 6

—

1872

AVANT-PROPOS

La brochure que nous soumettons aujourd'hui à
l'appréciation du public n'est pas un projet; comme
son titre l'indique, c'est une étude sur une question
militaire, à laquelle nos instincts d'officier de cavalerie nous disposent à donner une importance capitale.
Les projets sur la réorganisation de l'armée sont
innombrables, et maintenant que toutes les opinions
librement exprimées ont largement fait connaître à la
commission législative les idées du monde militaire,
notre devoir est d'attendre avec patience et d'accepter
avec respect les décisions que sa sagesse lui suggérera.

Pourtant, un nouveau champ, tout aussi vaste que

le précédent, reste ouvert à notre activité. Quel que soit le résultat définitif auquel s'arrêtera l'Assemblée nationale, il importe dès à présent d'examiner, de discuter l'usage que les guerres de l'avenir nous conseillent pour les différentes armes.

L'officier d'infanterie trouvera les modifications que la tactique nouvelle doit apporter dans le combat des troupes à pied ; l'officier d'artillerie cherchera le mode le plus efficace pour employer les engins formidables que la science moderne met à sa disposition ; l'officier de cavalerie, enfin, étudiera avec compétence si les troupes à cheval peuvent rendre, avec leur organisation actuelle, en présence du progrès général, les services que leur demandaient nos réglementations passées. Certes, et nous ne craignons pas de le répéter, le champ est vaste ; il est presque illimité.

Or, qui dit étude, dit aussi contre-étude, et appelle la discussion. C'est à cette condition seulement que les améliorations peuvent se produire. L'examen sérieux des théories que chacun de nous a conçues doit forcément, en les dépouillant de ce que leurs auteurs ont pu leur communiquer de trop absolu, laisser subsister, en fin de compte, des principes vrais dont l'application rendra un jour à nos armes le prestige que leur a fait perdre la dernière guerre.

Telle est la voie dans laquelle nous avons cru entrer en publiant le présent travail. Ceux qui voudront bien le parcourir trouveront dans les pages qui suivent le développement logique d'une idée que nous avons le plus possible cherché à dégager des détails, ne faisant qu'effleurer certains points dont l'exposition complète eût été fort longue aujourd'hui et ne présenterait d'intérêt que si les bases générales de notre système semblaient acceptables. L'administration, par exemple, l'organisation du convoi régimentaire, les conditions précises dans lesquelles doit s'exercer l'action restreinte du colonel, d'autres questions encore sont très-légèrement dessinées. Elles pourront être complétées par d'autres officiers qui apporteront le concours de leurs idées propres, concours que nous jugeons indispensable.

Un dernier mot en terminant. Ne recherchant pas, dans ce travail, la satisfaction d'une mesquine vanité que notre patriotisme nous ferait trouver odieuse, nous accepterons avec reconnaissance les conseils qui pourront nous être donnés. Nous ne voudrions pas, surtout, que l'on se méprît sur la portée réelle de notre pensée : en réclamant pour les capitaines commandants une plus large initiative, nous n'avons pas voulu prêcher l'indépendance, source assurée de l'indiscipline et du désordre.

ORGANISATION

D'UN

CORPS D'ÉCLAIREURS A CHEVAL

I

Le peuple français n'est pas, naturellement, un peuple de cavaliers ; dans les classes riches de la société, l'exercice de l'équitation est devenu un luxe, et, depuis longtemps l'achèvement d'un réseau très-complet de routes intérieures permet à nos paysans de franchir, en voiture, les distances que leurs pères franchissaient à cheval. En outre, le mode de répartition du contingent qui verse indifféremment un normand dans l'infanterie et un champenois dans la cavalerie, ne contribue pas peu à diminuer dans les régiments le nombre des hommes ayant une aptitude spéciale pour l'arme dont nous nous occupons.

Notre intention n'est pas de discuter cette situation qui s'impose à la cavalerie française ; nous nous bornerons à la constater. Il en résulte, le plus souvent, que le conscrit destiné par sa taille ou son numéro à servir dans les troupes à cheval, se trouve, pour la première fois de sa vie, en arrivant au corps, appelé, non pas à voir seulement, mais à approcher, à toucher, à soigner l'animal auquel la loi et le hasard ont lié son sort pour un nombre plus ou moins considérable d'années ; il faut pour acquérir une valeur militaire, qu'il apprenne à aimer et s'attache à bien conserver ce compagnon de ses travaux.

Autrefois, lorsque la durée réelle du service était de 7 années, ce résultat était plus fréquemment obtenu qu'il ne l'est aujourd'hui. Les vieux officiers de cavalerie nous parlent de ces soldats avec lesquels ils ont débuté dans la carrière, pour qui le bon entretien de leur monture devenait une question d'amour-propre, et qui, parfois, s'exposaient à des punitions sévères pour lui procurer une ration plus abondante ou mieux choisie. Ce sont là des récits du temps passé que l'unanimité des anciens peut, seule, nous faire accepter, tant le spectacle que nous avons journellement sous les yeux en est différent.

Actuellement, le cavalier reste trois ans, quatre ans au plus sous les drapeaux : ses idées le reportent sans cesse vers le village où bientôt il doit retourner ; il s'accoutume mal à la discipline militaire, plus mal encore au cheval qu'il considère trop facilement comme un danger supplémentaire qui lui est imposé, et auquel, par tous les moyens possibles, il doit s'efforcer d'échapper. Dans cette peinture, bien entendu, nous avons en vue la généralité de nos soldats ; ceux qui en diffèrent sont l'exception et les règles ne peuvent être faites pour des exceptions.

Malgré ces conditions défavorables, les procédés très-méthodiques de l'instruction militaire parviennent à faire de nos conscrits des cavaliers passables ; au bout d'un an, ils tiennent à peu près sur leur selle et exécutent avec une correction suffisante les divers mouvements que nécessitent la manœuvre et le combat. Peut-être faudrait-il examiner ici si ce résultat n'est pas obtenu au détriment de l'initiative individuelle, et si l'homme comme le cheval n'acquièrent pas, par cette éducation, une habitude du rang, un besoin de leur voisin, difficiles à surmonter dans certains cas.

Quoi qu'il en soit, il est évident qu'il faudra faciliter le plus possible toutes choses à ce soldat devenu pour ainsi dire, cavalier malgré lui.

Mais, si le Français a généralement peu d'aptitudes naturelles pour le service dans les troupes à cheval, tous les peuples contre lesquels nous avons été appelés à nous mesurer sont unanimes à nous reconnaître certaines qualités natives précieuses au plus haut degré : l'élan, le courage, surtout ce terrible combat à l'arme blanche, où la valeur individuelle fait tout et qui nous assurait la victoire quand nous combattions des ennemis moins habiles à se défiler que ne l'étaient les Prussiens. Or ces qualités, apanage séculaire de notre race et auxquelles, surtout, notre infanterie devait sa réputation, assureront également le succès de notre cavalerie quand elles pourront être employées. L'expérience de la dernière guerre est là pour le prouver : en effet, lorsque nos escadrons ont pu aborder ceux de l'ennemi, la victoire n'est presque jamais restée indécise. Or, pour tirer de cet avantage tout le parti possible, il faut que l'armement de nos cavaliers soit, à la fois, meurtrier et facile à manier, il faut aussi qu'une tactique intelligente permette à cette faculté de se produire dans les conditions les plus favorables, il faut enfin que le mode d'instruction suivi la développe au suprême degré, et, surtout, que la durée du service militaire soit assez longue, pour que nos soldats soient entièrement rompus à la discipline et à l'obéissance passive. Ce double point ne sera pas le moins difficile à atteindre avec notre caractère, si dissemblable de celui des Allemands.

Mais, outre le moment même du combat, où la *furia francese* a conservé, pour la cavalerie du moins, l'importance qu'elle avait autrefois, la guerre réserve aux troupes à cheval une autre série de services ; préparer la victoire en exerçant sur l'ennemi une surveillance constante, rendre impossibles les surprises, assurer les communications avec les corps d'armée voisins : tel est, par excellence, notre rôle actif en campagne ; les modifications de la tactique moderne n'ont pu qu'augmenter encore son importance.

Le double but que nous devons poursuivre est donc de combattre et de surveiller.

Examinons rapidement si la cavalerie française constituée comme elle l'est aujourd'hui est à hauteur de sa tâche, glorieuse autant que difficile.

II

En 1870, nos troupes à cheval formaient trois groupes principaux : la cavalerie légère, la cavalerie de ligne et la cavalerie de réserve ou grosse cavalerie.

La cavalerie légère comprenait des chasseurs, des hussards et les troupes d'Afrique, spahis et chasseurs d'Afrique.

La cavalerie de ligne se composait de dragons et de lanciers.

Les cuirassiers et le régiment des carabiniers de la garde constituaient la grosse cavalerie.

Les chasseurs et les hussards appartiennent au même type, et la seule distinction que l'on puisse faire entre eux est la couleur de leur uniforme : faut-il donner un nom différent à une troupe selon qu'elle est vêtue de bleu ou de vert ? Admettre ce système serait soutenir les traditions de luxe coûteux qui ont été, à juste titre, reprochées à notre armée et qui jureraient aujourd'hui avec les charges du trésor public et les écrasantes humiliations de la défaite.

On nous objectera peut-être que les régiments de ces deux armes ont des souvenirs particuliers qui sont entre eux une source d'émulation dont il faut tenir grand compte, etc. A cela nous répondrons que la même objection avait déjà été faite lorsqu'il fut question d'enlever à l'infanterie légère son nom que rien ne justifiait plus, ni dans l'armement, ni dans l'instruction, ni dans le mode d'emploi ; on passa outre, et l'histoire des dernières guerres prouve surabondamment que nos régiments d'infanterie classés sous les derniers numéros ont été aussi brillants que les autres, malgré leur changement de nom.

Hussards et chasseurs se sont montrés, comme courage, dignes de leur vieille renommée, dans la dernière campagne ; mais leur sang a été inutilement prodigué, parce qu'on les a fait combattre en dehors des conditions normales qui leur conviennent et qui ont présidé à leur formation primitive.

Créés en souvenir des hussards hongrois, dont les guerres du 18e siècle avaient mis en lumière l'importante utilité, ils devaient dans l'origine voler en avant de l'armée, l'éclairer à distance, et, par leurs incursions rapides, pareilles à celles des uhlans, reconnaître tous les points d'attaque et prévenir toutes les surprises.

C'est ainsi que les Lasalle et les Monbrun entendaient l'emploi de la cavalerie légère : c'est ainsi que le général de Brack, auquel il faut toujours revenir lorsqu'il s'agit de ces services importants, définissait son rôle.

Engager contre des lignes d'infanterie solides des cavaliers qu'aucune armure ne protège, et dont les chevaux élégants plutôt que rapides perdent en mouvement, gracieux le temps qu'il faudrait employer à avancer, était une imprudence autrefois, et serait aujourd'hui une extravagance héroïque.

La cavalerie d'Afrique a sa réputation faite ; audacieuse jusqu'à l'excès, montée en chevaux infatigables, elle aurait pu rendre plus de services si elle eut été mieux employée ; malheureusement, pour qu'un corps d'éclaireurs puisse être véritablement utile, l'instinct de la guerre ne suffit pas ; il faut encore, dans le commandement au moins, une instruc-

tion, qui, sans être bien profonde, embrasse superficielle-
ment et par la pratique la plupart des connaissances militaires. En ligne, notre cavalerie africaine n'a jamais été plus
heureuse que les hussards et les chasseurs. Les causes de son
insuccès sont les mêmes.

Les lanciers ont vécu ; de récentes décisions ministérielles
ont transformé ce corps, critiqué depuis longtemps, mais
dont la campagne contre la Prusse a pleinement démontré
l'inutilité. A première vue, il semble qu'une arme longue
soit excellente pour l'attaque et pour la poursuite; mais l'expérience prouve que la lance n'est le plus souvent qu'un em-
barras pour celui qui doit la manier.

Les efforts nécessaires pour la manœuvrer efficacement,
exigent des chevaux vigoureux et assouplis, des hommes forts,
et en outre, cavaliers accomplis. Attaqué à gauche, le lancier
doit, par une volte rapide, pouvoir présenter à l'assaillant
son flanc droit, et sa solidité sur sa selle doit lui permettre
d'exécuter sans inquiétude les mouvements, parfois très-dé-
plaçants, qu'exige le bon usage de son arme.

Ces conditions sont si difficiles à réunir que de tous les
cavaliers prussiens avec lesquels nous nous soyons mesurés
en ligne, les uhlans sont ceux qui nous ont offert le moins
de résistance, et pourtant, nul ne peut nier, croyons-nous, les
qualités exceptionnelles de ce corps d'élite.

Les dragons, plus qu'aucune autre troupe, semblent devoir
être fréquemment employés, aujourd'hui, sur le champ de
bataille. Leurs chevaux, plus vigoureux et plus rapides que
ceux de la cavalerie légère, supportent mieux les fatigues de
la guerre et leur permettent de franchir plus vite, c'est-à-dire
avec moins de pertes, le terrain dangereux dans les charges
ou le ralliement.

En outre, dans un moment suprême, les dragons redevenant
ce qu'ils étaient lorsque Turenne conçut pour la première

fois l'idée de ce corps, mettent rapidement pied à terre et combattent avantageusement comme de l'infanterie, sans que leurs mouvements soient gênés par une sabretache inutile. La division Valabrègue à Forbach, la brigade Murat à Mars-la-Tour, la division de Clérambault à Noisseville, ont prouvé la justesse de cette assertion.

Si la bataille est indécise, si l'artillerie, absente ou éteinte, ne peut arrêter la marche des colonnes ennemies, s'il faut, à tout prix, sauver une situation gravement compromise, le moment sera venu d'employer la grosse cavalerie. Quoi que l'avenir réserve à l'arme des carabiniers, aujourd'hui supprimée, elle ne diffère des cuirassiers que par son uniforme et la couleur de ses cuirasses. On peut donc les confondre dans la même étude.

On serait tout d'abord disposé à croire que la grosse cavalerie ne réussira pas une charge mieux que la cavalerie légère. Cette observation serait vraie si l'infanterie, ainsi attaquée, conservait assez de sang-froid pour viser uniquement les chevaux ; mais habituellement et par instinct le fantassin tirera plutôt sur le cavalier rendu presqu'invulnérable par son armure, l'audace du cuirassier s'en accroît et il pousse plus à fond une attaque que la rapidité supérieure de son cheval rend toujours plus efficace.

Est-il besoin de rappeler ici les noms glorieux que la dernière campagne a inscrits sur les étendards de tous nos régiments de cuirassiers ? Les 1er, 2e, 3e, 4e, 8e, et 9e sont devenus légendaires à Reischoffen ; les cuirassiers de la garde ont sauvé le 2e corps à Rezonville, le même jour les 7e et 10e ont anéanti une division de cavalerie prussienne. Enfin, pour avoir été inutiles les charges des 5e et 6e cuirassiers à la triste journée de Mouzon, n'en doivent pas moins être comptées parmi les plus brillantes que rapporte notre histoire militaire. Tous ces engagements ont été meurtriers, mais tous ont obtenu le résultat qu'il fallait acheter à tout prix, d'arrêter ou de faire hésiter les attaques des Prussiens : or, parfois gagner dix minutes, c'est gagner la bataille.

Les conclusions que nous tirons de ce qui précède sont faciles à prévoir. Il ne doit plus exister que deux types de cavalerie destinés à être employés en ligne : les dragons et les cuirassiers. Les hussards et les chasseurs doivent, selon nous, disparaître ou du moins subir une transformation dont l'étude fait l'objet de ce travail.

III

Les Prussiens nous ont donné une grande leçon, sachons en profiter.

Dans la période qui a précédé les hostilités, après la déclaration de la guerre, des partis de leurs cavaliers, n'ont jamais cessé de parcourir la zône de la frontière, pénétrant parfois fort loin sur notre territoire, comme lorsque des dragons bavarois poussèrent jusqu'à Niederbronn, à plus de 20 kilomètres du Palatinat. Ces incursions rapides autant que hardies durèrent jusqu'au commencement des opérations actives. À ce moment, les armées allemandes renseignées très-complétement sur la position et la force de nos divers corps, purent s'avancer à coup sûr et débuter par les sinistres journées de Wissembourg, Forbach et Reischoffen. Nous ne voyons pas qu'après ces victoires ; les généraux ennemis aient songé à suivre la tactique classique et à faire poursuivre par leur cavalerie nos débris en fuite.

Etait-ce par stupeur de leur succès inespéré ou par calcul, et pour laisser reposer les hommes et les chevaux ? Toujours est-il que, dès le lendemain de nos désastres, les vainqueurs continuèrent méthodiquement leur marche en avant, précédés à d'énormes distances par des nuées de cavaliers qui ne perdaient aucun de nos mouvements, c'est ce qu'ils appellent avoir le *contact*.

Le 7 août, au matin, la cavalerie du prince Frédéric-Charles arrivait près de Marienthal à 8 kilomètres seulement de Saint-Awold, où les restes du 2ᵉ corps étaient recueillis par le maréchal Bazaine. De ce point les Prussiens lancèrent leurs éclaireurs et lorsqu'ils eurent signalé notre mouvement de retraite bien accentué, toute l'armée ennemie s'abattit, sans coup férir, sur les bivouacs que nous venions à peine de quitter.

Aussitôt les uhlans repartirent, accompagnant à distance toutes nos colonnes; toujours visibles, toujours insaisissables, nous échappant par les moindres sentiers du pays qu'ils connaissaient mieux que nous, ils étaient, qu'on nous permette cette image, comme la longue vue du général ennemi qui, par eux, était exactement informé de nos moindres opérations.

Lorsque l'armée française fut enfin réunie dans le camp retranché de Metz, cette tactique subit une légère modification. Des divisions entières de cavalerie furent portées en avant sur tous les points à la fois ; elles firent des démonstrations considérables vers Thionville, Bouzonville, Pont-à-Mousson, etc., et, au moment même où se livrait la bataille de Borny, une colonne composée de hussards, de uhlans et de dragons, forte en tout de 6 régiments avec de l'artillerie et probablement un peu d'infanterie, passait la Moselle où elle créait des têtes de pont sur la rive gauche et s'établissait fortement à Puxieux, en arrière de Mars-la-Tour. Le but que se proposaient les Prussiens était atteint ; grâce à la cavalerie, la concentration des armées allemandes s'était opérée à notre insu, et les points de passage de la Moselle, fortement tenus, permettaient aux troupes confédérées de franchir la rivière sans difficulté pour livrer la bataille du 16 août.

Ce résultat surprenant avait été obtenu devant nous, à quelques kilomètres de nos campements. Comment l'avions-nous ignoré, comment n'avions-nous rien fait pour l'empêcher ? Peut-être accusera-t-on l'incurie du commandement, l'insuffisance des états-majors et toutes les autres raisons sur lesquelles notre amour-propre blessé a rejeté la douleur de nos défaites. Pour nous, le succès de cette marche qui semble audacieuse et n'est que prudente est une conséquence fatale, mais facile à prévoir, de l'organisation de notre cavalerie.

Enfermés dans le cercle étroit des progressions réglementaires, grâce à l'ordonnance de 1829 qui semblait le *nec plus ultra* de la tactique pour les troupes à cheval et contre laquelle l'officier qui se fût permis une observation eût brisé sa carrière, les hussards, les chasseurs, les lanciers, les dragons et les cuirassiers, sauf quelques détails spéciaux de maniement d'armes, recevaient tous une éducation identique. Quelque fût le corps auquel il appartînt, le cavalier, dégrossi par la première partie de l'ordonnance, apprenait ensuite à manœuvrer dans les rangs du peloton, puis dans ceux de l'escadron, enfin dans les lignes du régiment, de la brigade et de la division sans qu'il fût jamais fait appel à son initiative personnelle ou à son intelligence. Un règlement particulier sur le travail individuel avait dernièrement cherché à apporter un remède à cette situation, mais ses exercices, mal gradués, trop difficiles d'ailleurs pour la généralité des cavaliers formés suivant les anciennes progressions, n'avaient fait qu'augmenter la besogne des officiers sans produire de résultat sérieux.

Comme toutes les choses très-bonnes, l'ordonnance de 1829, dont la tradition sacrée était religieusement conservée par l'école de Saumur, passait pour parfaite et, par conséquent, imperfectible. Lorsqu'un de nos plus brillants divisionnaires proposa, voici bientôt vingt ans, de modifier le combat à pied des dragons, il y eut un *tollé* général poussé par toutes les sommités de la cavalerie, et l'heureuse modification qu'il avait imaginée, bien qu'adoptée par beaucoup de régiments, ne figure pas encore dans nos règlements officiels.

Pourtant, depuis 1829 les nombreux changements survenus dans les choses de la guerre auraient dû ouvrir les yeux les moins clairvoyants. La portée décuplée des armes à feu devait rendre plus rare le combat en ligne, auquel tendait toute l'instruction de l'ordonnance ; les chemins de fer, en permettant les concentrations plus promptes, imposaient une surveillance plus constante et plus active de l'ennemi. Le télégraphe, en portant rapidement au loin la volonté du chef, permettait d'étendre sans inconvénient le cercle des observations.

Sans doute, le règlement sur le service en campagne prescrit une grande surveillance dont il règle même les détails avec une minutieuse précision. Mais ce règlement, écrit luimême à une époque reculée est insuffisant aujourd'hui ; il manque de cette témérité réfléchie qui fit le succès des éclaireurs prussiens.

D'ailleurs, comment avoir le droit d'espérer que le cavalier assujetti dès son arrivée au régiment à travailler dans le rang, habitué, ainsi que son cheval, à toujours sentir un voisin près de lui, conservera la liberté et la facilité de ses mouvements lorsqu'il sera appelé à agir seul ? Il faut, pour bien remplir ce service, que le cheval subisse un dressage spécial dont un travail de carrière extérieur soit la base intelligente : or le colonel qui se fût permis de prescrire un semblable travail eut été sévèrement blâmé : en effet ses chevaux n'auraient plus conservé cet embonpoint resplendissant qui atrophie insensiblement les qualités vigoureuses, tout en prolongeant la durée d'une monture inutile.

Il faut que le soldat, devenu, par ce dressage, un hardi cavalier, formé à manier ses armes avec correction à toutes les allures, reçoive encore une instruction intellectuelle particulière qui lui permette de comprendre sans peine les formes générales d'un terrain.

Il saura ainsi mieux profiter des accidents qu'il rencontrera pour échapper aux éclaireurs de l'ennemi dont il pourra percer les lignes inaperçu : en même temps, il rapportera au chef qui l'aura envoyé des renseignements précis ; un général ne sera plus exposé à gravir une colline quand il croyait descendre dans un vallon ou trouver un ruisseau infranchissable là où il pensait rencontrer la plaine.

Toutes ces conditions sont remplies par la cavalerie prussienne ; les uhlans, grâce à leur mode de recrutement, grâce aussi à leur éducation militaire spéciale qui ne perd jamais de vue le rôle d'éclaireurs qui leur est réservé en campagne, poussent simplement ces qualités à un plus haut degré de perfection : la coûteuse expérience de la guerre nous a, répétons-le, montré sur ce point l'insuffisance de notre cavalerie légère : sachons donc faire à propos les modifications nécessaires et ne réservons pas à nos enfants, si ce n'est à nous-mêmes, le triste soin de regretter un jour notre coupable incurie.

IV

Dans les pages qui précèdent, nous croyons avoir démontré que notre cavalerie n'était pas aussi bien organisée que possible pour les divers services où les Prussiens nous ont fourni des modèles accomplis ; puis nous avons cherché à déterminer par la pratique de la dernière guerre ce que devait être le rôle des éclaireurs à cheval dont nous avons proposé la formation. Nous allons maintenant esquisser largement les conditions auxquelles, selon nous, devra satisfaire le nouveau corps.

Et d'abord, les éclaireurs à cheval sont-ils une innovation ? Nous ne le croyons pas : notre cavalerie légère, soumise pour son instruction à une progression spéciale, exercée suivant des principes particuliers, redevenue, en un mot, ce qu'elle n'aurait jamais dû cesser d'être, rendrait tous les services que nous exigerons des éclaireurs. Pourquoi alors inventer un nom nouveau et supprimer des régiments qui ont eu leurs glorieuses journées et qui toujours ont porté haut l'étendard de la France ?

Parce que, dans notre pays, les habitudes sont impossibles à déraciner et que le nom a une importance qu'il serait téméraire de nier.

Quelle que soit la réglementation qu'on veuille imposer, la réforme avortera si les anciens noms subsistent ; les hussards et les chasseurs redeviendront promptement, demain peut-être, ce qu'ils étaient hier. Avec une dénomination nouvelle, au contraire, le progrès est aussitôt possible, parce que la routine des souvenirs n'est plus là pour en entraver le développement.

Nous ne voulons pas, d'ailleurs, afin d'organiser les éclaireurs à cheval, prendre l'élite des autres régiments : ce serait renouveler l'erreur où le deuxième empire était tombé avec la création de la garde. Il faut, au contraire, croyons-nous, laisser dans les corps les sujets complétement formés qui seuls peuvent leur donner la cohésion, l'esprit militaire, sans lesquels il n'est point de bonne troupe.

Lors de la répartition du contingent, les conscrits seront envoyés aux éclaireurs à cheval comme à tous les autres régiments de cavalerie ; tout au plus pourra-t-on désigner pour ce service les jeunes gens ayant une instruction plus complète, mais cela avant que leur éducation militaire soit commencée et sans que l'on puisse encore préjuger ce qu'ils vaudront comme soldats. Un autre élément de leur recrutement sera fourni par les engagements volontaires qui seront probablement nombreux dans un corps dont l'action plus indépendante, plus aventureuse en temps de guerre, présentera de grandes séductions aux esprits jeunes, intelligents et actifs ; d'ailleurs, si la loi nouvelle impose le service militaire à tous les citoyens, si, en même temps des mesures légales sont prises pour généraliser l'instruction primaire, nous serons assurés de trouver plus fréquemment réunies chez les jeunes gens du contingent des conditions qui faciliteront la formation de bons éclaireurs.

A leur arrivée au corps les conscrits seront versés dans chaque régiment à l'escadron de depôt dans lequel ils devront demeurer pendant toute leur première année de service, ils passeront à l'expiration de cette période dans les escadrons actifs, après avoir, toutefois, justifié d'une instruction militaire et théorique satisfaisante.

L'escadron de dépôt sera toujours sous la surveillance du lieutenant-colonel, il en réglera le travail et aura la responsabilité du résultat obtenu. Tout officier nommé dans le régiment ou promu au grade supérieur sera d'abord placé dans cet escadron, il y remplacera le plus ancien officier de son grade qui sera envoyé à l'escadron actif dont une vacance aura motivé la nomination ou promotion. Cependant, lorsqu'un officier des escadrons actifs aura fait preuve d'incapacité ou d'insuffisance, le colonel pourra ordonner son passage au dépôt ; cette mesure entraînera de plein droit pour celui qui en aura été l'objet, la radiation du tableau d'avancement s'il était porté au choix.

Les élèves brigadiers seront attachés au dépôt ; ils y seront rompus à tous les détails de l'instruction sous la direction du lieutenant-colonel qui seul pourra les proposer pour l'avancement en temps de paix.

L'instruction des conscrits comprendra deux parties : une partie militaire et une partie intellectuelle ; ils seront exercés aux trois écoles du cavalier, du peloton et de l'escadron, de manière qu'au 1er mai ils commencent l'école du peloton et terminent celle de l'escadron au 1er octobre. Les écoles à pied seront exécutées concurremment avec l'école du cavalier à cheval. Les dates que nous fixons pour la division du travail de la 1re année sont déterminées dans l'hypothèse que les classes sont versées au 1er janvier dans les corps. Cette disposition de la loi sur le recrutement aurait selon nous l'avantage de faire arriver les recrues au commencement d'une période administrative nouvelle. Il serait facile de la réaliser en prescrivant que le tirage du mois de mars comprendrait tous les jeunes gens atteignant l'âge de vingt ans dans le courant de l'année : ceux que le sort désignerait pour un service actif ne seraient mis en route que dans le courant de décembre, de manière à arriver à leurs corps pour le 1er janvier suivant. En l'absence de cette législation, et si l'on admet que les dates actuelles doivent être conservées, il devient nécessaire d'apporter quelques modifications à notre répartition du travail, mais elles ne pourront être sérieusement discutées que lorsque la loi sur le recrutement sera connue. Nous conserverons donc pour le présent travail comme type, et sauf modifications ultérieures, la division que nous venons d'indiquer.

Pendant les mois d'octobre, de novembre et de décembre, les soldats du dépôt seront exercés aux tirailleurs et, pour cela, conduits à l'extérieur, dans les champs, non encore ensemencés, où l'on devra, autant que possible, les habituer à dresser des tentes, établir des bivouacs, etc., toutes choses d'une utilité journalière en campagne et dont l'enseignement a jusqu'ici été trop généralement négligé pendant la paix.

Afin de rendre possible ce travail extérieur auquel nous attachons une grande importance et que le mauvais vouloir des cultivateurs, surtout lorsque ce sont des paysans, rend souvent impossible, il faudrait qu'une décision législative spéciale intervint. Deux systèmes différents satisferaient à cette nécessité ; on pourrait allouer au budget de la guerre un crédit destiné à indemniser les propriétaires dont les cultures auraient été endommagées ; on pourrait encore faire de ce travail, peu nuisible, vu la saison où il est exécuté, et dont les inconvénients pourraient être encore atténués en tenant compte de l'assolement de chaque pays, une charge publique, une sorte de prestation. Cette dernière méthode nous semble préférable. En effet, le budget de la guerre est déjà fort lourd, et comme ses chapitres sont aussi chargés que possible, il ne faut pas songer à faire face à la dépense nouvelle à l'aide d'économies réalisées sur d'autres points ; il faudrait donc augmenter le crédit habituellement ouvert, ce qui entraînerait à de nouveaux impôts. Cette obligation que nous imposerons aux populations rurales, soulèvera tout d'abord sans doute des mécontentements, mais qui cesseront bientôt croyons-nous.

Pendant leur séjour au dépôt, le capitaine commandant fera donner aux hommes, par les officiers placés sous ses ordres, une instruction spéciale qui n'embrassera que la lecture, l'écriture et l'arithmétique élémentaire. En maintenant les études dans ce cercle restreint, on pourra, à coup sûr, obtenir des résultats satisfaisants, d'autant plus que chaque officier sera chargé d'une section seulement (comme nous le dirons en traitant de l'organisation), ce qui permettra aux instructeurs d'apporter un plus grand soin à ce travail et de modifier plus facilement leurs méthodes selon l'intelligence des conscrits.

La première année, comme on le voit, est employée à peu près comme elle le serait dans nos régiments actuels : nous avons donné seulement une part plus large au développement intellectuel du soldat et nous croyons que le succès sera le résultat assuré de cette progression.

C'est à la deuxième année que commencera réellement la formation des éclaireurs : au 1er janvier (toujours en supposant que l'arrivée des recrues puisse avoir lieu à cette époque), l'escadron de dépôt versera ses jeunes soldats dans les escadrons actifs proportionnellement aux mutations survenues dans ces escadrons pendant les 12 mois écoulés, et de manière à les porter à peu près au même effectif, de 120 hommes, cadres non compris. Désormais les capitaines commandants seront seuls chargés de l'instruction de leurs cavaliers, dont ils auront la responsabilité devant le général inspecteur et le colonel. Ils seront astreints, comme emploi du temps, à se conformer au tableau de travail établi par le chef de corps, mais conserveront la liberté la plus grande quant à la progression et aux méthodes qu'il leur plaira d'employer : ce qu'on devra leur demander ce sont des résultats, et l'amour-propre, non moins que l'intérêt, développera chez les capitaines une féconde émulation.

Le travail des escadrons actifs, comme celui du dépôt, comprendra deux parties : l'instruction militaire aura lieu au manége pendant les mois de janvier, février et mars ; on exécutera le travail de manége civil, le saut des obstacles, etc., pour confirmer les cavaliers dans la conduite du cheval et leur donner l'aisance et la solidité indispensables à leur service spécial. Pendant le mois d'avril on repassera rapidement l'école de l'escadron à cheval. A partir du mois de mai, les escadrons seront conduits isolément à l'extérieur ; les officiers, sous la direction du capitaine commandant, et chacun pour sa section, exerceront les hommes à toutes les opérations de la petite guerre, en même temps qu'ils les accoutumeront à juger les formes du terrain, à apprécier les distances, etc., etc. Chaque officier s'appliquera à bien connaître les cavaliers placés sous ses ordres ; il appréciera leur intelligence et remarquera les détails pour lesquels ils sembleront avoir une aptitude particulière. S'il est formé des camps d'instruction, les escadrons actifs des régiments d'éclaireurs devront toujours y être envoyés. Ils prendront part aux grandes manœuvres et se comporteront alors comme s'ils étaient en campagne : au retour des camps d'instruction, de nombreuses permissions seront accordées aux hommes qui s'en seront montrés les plus dignes par leur conduite, leurs efforts et leur bonne volonté. — Les autres continueront le travail du printemps.

L'instruction intellectuelle aura surtout pour objet les applications de la topographie à la connaissance du terrain pour les opérations militaires. Les cavaliers seront familiarisés avec la lecture des cartes ; on leur apprendra également, non pas à exécuter des levés même irréguliers, ce qui exigerait des études trop complètes, mais à rapporter de leurs reconnaissances un croquis intelligent comme ceux dont le général de Brack donne des modèles dans les avant-postes de cavalerie légère.

Nous insistons sur ce point : en effet, il serait insensé d'exiger que des soldats souvent sans instruction lorsqu'ils arrivent au régiment fussent tous à même d'exécuter un véritable travail topographique ; nous croyons, d'ailleurs, que les opérations de la topographie irrégulière qui exigent l'emploi d'instruments, quelque rudimentaires qu'ils soient, sont trop difficiles pour être exécutées à cheval, même par le plus grand nombre des officiers. Nous pensons en revanche que par des exercices fréquents, tous peuvent apprendre à représenter à l'aide de simples traits les directions générales d'un terrain, les accidents qu'ils y ont remarqués, etc. Ces minutes grossières, mais claires et faciles à exécuter, même à cheval, porteront numériquement l'indication des distances, évaluées en pas, ou mesurées par le temps qu'on aura mis à les franchir : elles suffiraient déjà pour assurer la bonne direction d'une marche et pour permettre de régler une opération. Elles pourront en outre, si le temps le permet, servir à établir des croquis à l'échelle plus corrects et mieux dessinés, et qui seront l'œuvre des sous-officiers et des officiers.

Les cavaliers seront exercés encore à faire des rapports verbaux précis, complément indispensable de toute reconnaissance ; on leur fera en même temps des théories sur le service en campagne, principalement sur les titres V, VIII, X, XI et XIV, et on leur donnera des notions de géographie physique sur les pays avec lesquels la France a le plus de chances d'entrer en guerre. Cet enseignement sera répété chaque année.

Les sous-officiers prendront part à tous les travaux militaires de leurs escadrons ; mais, pendant le pansage du soir auquel le sous-officier de semaine seul assistera, ils seront réunis pour des cours spéciaux qui leur seront faits par un capitaine en 2e choisi au concours parmi ceux du régiment. Ils recevront des notions plus étendues de topographie et de géographie ; ils seront exercés au dessin et à la réduction des cartes, au levé irrégulier et à la rédaction des rapports ; enfin on leur apprendra la manœuvre des appareils télégraphiques usuels (système à cadran et système Morse) et, lorsque les localités le permettront, les moyens de conduire une locomotive, de détruire un chemin de fer et en diriger la réparation.

Les officiers participeront, comme nous l'avons dit, à l'instruction de leur escadron et se soumettront dans ce service, à la direction du capitaine commandant qui seul en a la responsabilité. Les exigences réglementaires du service intérieur seront diminuées, ainsi que cela se pratique dans l'armée prussienne ; pour ne citer qu'un seul détail, il semble inutile d'avoir, ainsi que le prescrit l'ordonnance du **2** novembre 1833, 1 chef d'escadron, 1 capitaine adjudant-major, 6 lieutenants ou sous-lieutenants pour surveiller un pansage, pendant lequel leurs attributions diffèrent peu de celles du sous-officier de semaine. Sans doute, pour pouvoir restreindre cette surveillance exagérée, il faut pouvoir compter sur le zèle des maréchaux des logis ; mais aussi, en leur laissant une responsabilité plus grande, on augmentera chez eux le sentiment du devoir, que la répression, exercée par un seul officier, suffira pour faire accomplir. D'ailleurs les loisirs que nous procurerons ainsi aux officiers ne seront plus consacrés à l'oisiveté : ils seront au contraire remplis par des occupations fructueuses et intelligentes. De fréquentes conférences leur seront faites en outre par le lieutenant-colonel et le colonel ; elles auront pour objet, surtout, les applications et la discussion du règlement sur le service en campagne, et l'examen des questions scientifiques qui se rattachent aux choses militaires. Ils seront exercés à la rédaction des mémoires et des rapports, au lever irrégulier, etc., au dessin, à la réduction et à la lecture des cartes. Ils exécuteront des travaux sur les sujets désignés par le colonel ou le lieutenant-colonel. Les notes qu'ils recevront figureront avec un coefficient élevé dans les classements servant à établir le tableau d'avancement. Le colonel s'occupera plus spécialement des capitaines qu'il devra guider de ses conseils et de son expérience dans le choix de leurs progressions et de leurs méthodes : il leur donnera en outre des notions plus étendues d'art militaire, et étudiera avec eux les auteurs militaires devenus classiques.

Tous les ans, à la fin des opérations de l'inspection générale, les rapports des inspecteurs sur les éclaireurs seront coordonnés ; il en sera fait un résumé qui sera publié par le *Moniteur de l'Armée*, afin d'exciter l'émulation entre les régiments.

V

Nous allons examiner maintenant quelle devra être l'organisation intérieure du nouveau corps : nous étudierons en même temps l'armement et l'équipement qu'il convient de donner aux éclaireurs à cheval et, en général, toutes les questions de détail qui les concernent.

L'unité administrative, tactique et de commandement sera l'escadron ; cinq escadrons actifs et un dépôt formeront un régiment qui ne pourra dans aucun cas être embrigadé.

Le régiment sera commandé par un colonel, dont les attributions seront les mêmes que dans les autres régiments de cavalerie, avec cette différence, toutefois, qu'il n'interviendra pas dans le détail de l'instruction intérieure des escadrons. Mais, s'il constatait pourtant qu'un capitaine s'engage dans une voie mauvaise, dont, par obstination, il ne voudrait pas sortir, résistant aux observations du chef de corps, celui-ci n'attendrait pas le résultat pour replacer le capitaine fautif au dépôt ; il en rendrait compte au ministre qui pourrait ordonner la permutation d'office de cet officier dans un autre corps. Le colonel aura sous ses ordres :

1 lieutenant-colonel, chargé de le suppléer et en outre de diriger les travaux des officiers et l'instruction du dépôt ;

2 chefs d'escadron ;

3 adjudants-majors.

Ces officiers conserveront leurs attributions actuelles ; les chefs d'escadron seront en outre chargés de constater fréquemment l'état de l'instruction dans les escadrons sous leurs ordres, sans pouvoir pourtant jamais intervenir dans le détail des progressions ou des méthodes. Ils adresseront directement au colonel sur ce sujet, tous les 15 jours, un rapport.

L'administration sera organisée d'après les mêmes principes que dans les autres régiments de cavalerie, si le système des comptables militaires est conservé ; le régiment d'éclaireurs aura un major, un capitaine d'habillement, un capitaine trésorier et leurs adjoints. Ces deux derniers officiers seront choisis parmi les lieutenants du régiment proposés au choix pour capitaines ; ils ne pourront rester plus d'un an dans ces fonctions. Le porte-étendard étant supprimé, le casernement sera sous la surveillance de l'adjudant-vaguemestre.

Le petit état-major se composera de :

4 adjudants sous-officiers ;

4 maîtres-ouvriers et leurs brigadiers ;

1 maréchal-des-logis trompette. — Il aura sous sa direction 25 trompettes, qui ne compteront pas dans les escadrons. Les capitaines désigneront pour ce service leurs cavaliers les moins intelligents à raison de 5 par escadron actif, le dépôt n'en devant pas fournir.

1 maréchal-des-logis conservateur de la bibliothèque et du matériel d'instruction ;

1 maréchal-des-logis-chef et deux cavaliers secrétaires du colonel ;

1 maréchal-des-logis secrétaire du lieutenant-colonel ;

1 maréchal-des-logis et 2 cavaliers secrétaires du trésorier ;

1 maréchal-des-logis garde-magasin de l'habillement ;

1 brigadier et 1 cavalier secrétaires à l'habillement.

Les sous-officiers et brigadiers du petit état-major (sauf les secrétaires du colonel et du lieutenant-colonel et le conservateur de la bibliothèque) ne pourront prétendre à l'avancement que pour des emplois de comptables.

Le capitaine-trésorier, ainsi que le capitaine d'habillement, ne pourront passer au grade supérieur qu'à l'ancienneté. Ces emplois seront donnés de préférence à des officiers que leur âge, leur état de santé ou leurs goûts rendent peu propres à un service actif et dont les habitudes sédentaires seront mieux satisfaites par le travail des bureaux.

Le service médical, en temps de paix, comprendra 2 médecins, dont 1 médecin-major qui pourra être de première classe; en temps de guerre, le régiment recevra, en outre, avec le titre d'aides-majors auxiliaires, deux jeunes médecins civils appartenant à l'une des catégories de la réserve; ils auront, hiérarchiquement, une assimilation inférieure à celle de l'aide-major titulaire.

Le service vétérinaire comprendra, en paix comme en guerre, 1 vétérinaire en 1er et 3 vétérinaires en 2e. Ils devront former, dans chaque escadron, un maréchal capable de faire les premiers pansements à un cheval blessé; ce qui sera facilité par les nouvelles conditions du recrutement.

Les cadres des escadrons se composeront de :

1 capitaine commandant;

1 capitaine en second ;

4 lieutenants de 1re ou de 2e classe et pouvant tous les quatre être de la même, afin d'éviter les mutations dans les escadrons ;

4 sous-lieutenants.

Chaque lieutenant ou sous-lieutenant commandera une section; dans le cas où un peloton devrait être employé en entier, le commandement en reviendrait au lieutenant. Cette disposition a pour objet de pouvoir toujours donner à un officier le commandement d'une reconnaissance, quelque faible qu'elle soit; nous nous étendrons sur ce point en traitant de l'emploi des éclaireurs en campagne.

Lorsque l'on exécutera l'école de l'escadron à cheval,

2 lieutenants et **2** sous-lieutenants monteront seuls avec leur escadron : les autres alterneront par jour avec eux.

Les cadres des sous-officiers comprendront :

1 maréchal-des-logis-chef, porte-fanion du capitaine commandant ;

2 maréchaux-des-logis-fourriers (disposition dont nous verrons l'avantage en campagne) ;

1 brigadier-fourrier, qui pourra être employé comme secrétaire par le capitaine commandant ;

8 maréchaux-des-logis ;

16 brigadiers.

L'escadron comprendra donc en définitive :

Officiers.	Capitaine commandant	1	10
	Capitaine en 2ᵉ	1	
	Lieutenants	4	
	Sous-lieutenants	4	
Sous-officiers.	Maréchal-des-logis-chef.	1	12
	Maréchaux-des-logis-fourriers . . .	2	
	Brigadier-fourrier.	1	
	Maréchaux-des-logis	8	
Brigadiers et cavaliers.	Brigadiers.	16	136
	Cavaliers de 1ʳᵉ et 2ᵉ classes. . . .120		

L'effectif des sections sera égalisé au 1ᵉʳ janvier de chaque année, mais il y sera fait le moins de mutations possible dans le courant de l'année, afin que chaque officier, ayant toujours les mêmes hommes sous ses ordres, puisse donner plus d'unité à la troupe qu'il commande. Les capitaines désigneront, autant qu'ils le pourront, en nombre égal dans chaque peloton, les élèves brigadiers destinés à être détachés au dépôt et qui y seront envoyés à cette époque.

Il serait à désirer que les régiments d'éclaireurs pussent être montés en chevaux normands de petite taille ; ils sont plus robustes, plus vigoureux et plus rapides que ceux de la cavalerie légère actuelle et exigent une nourriture moins abondante que ceux des cuirassiers. Toutefois, comme cette race ne pourrait seule suffire au bon recrutement des remontes, on prendra également des chevaux du Midi et de l'Ouest, en se conformant aux prescriptions suivantes :

1º Quelle que soit la race, les chevaux de robe blanche seront rigoureusement rejetés pour les éclaireurs, cette couleur étant trop voyante ;

2º Chaque régiment sera toujours monté en chevaux de même provenance, afin d'égaliser la durée des escadrons en campagne ;

3º Lors de la répartition du contingent, les jeunes soldats appelés à servir dans les éclaireurs seront dirigés, selon leur taille, sur les régiments montés en chevaux du Midi, de l'Ouest ou de la Normandie.

La selle à trousquin sera aussi légère que possible ; elle portera deux sacoches et recevra sur le trousquin, à l'aide de courroies, un porte-manteau à section rectangulaire, en tôle légère, recouvert de drap gros bleu, qui s'ouvrira par une portière aussi longue que le porte-manteau, située sur sa face supérieure et fermée par trois boucleteaux. Cette disposition facilite le paquetage et permet au cavalier de prendre sans peine les effets dont il peut avoir besoin.

La bride sera du modèle ordinaire, avec la modification que le filet sera à grand anneau ou à ailettes, et recevra des rênes plus longues, dont le cavalier pourra efficacement se servir pour conduire son cheval.

La couverture sera placée sous la selle.

Le paquetage comprendra : dans la sacoche de droite, les effets de pansage et de propreté réduits à leur plus simple expression, une étrille, une brosse à cheval, deux brosses à cirer et une brosse à tripoli, une brosse à graisse, une brosse à habits. Ces objets roulés dans l'époussette, seront en outre, liés dans une musette.

Deux courroies permettront de fixer sur le côté extérieur de cette sacoche une marmite individuelle à compartiments analogues à celles des Prussiens.

La sacoche de gauche recevra, dans une autre musette, la veste de rechange, ployée et roulée, et une paire de chaussures légères. Deux courroies permettront de fixer à l'extérieur de cette sacoche un seau en toile et les entraves ; les bottes de rechange seront placées une dans chaque sacoche.

Dans le porte-manteau on mettra : deux pantalons de treillis, deux chemises de laine et une de toile, deux paires de gants, deux mouchoirs, deux calottes de coton et la calotte de pansage, une blouse en toile et une serviette de coton, le livret, un petit carnet, du papier blanc, deux crayons, dont un de couleur, les cartes que l'officier jugera à propos de confier momentanément au cavalier ; enfin, dans une boîte spéciale à compartiments, du sel, du poivre, du café et un peu de sucre. Le porte-manteau recevra encore, mais en campagne seulement, deux bandes, deux compresses, un peu de charpie et d'amadou, qui seront enfermés dans un étui de fer blanc.

Le bissac sera exclusivement réservé au pain et à l'avoine qui seront disposés de chaque côté par poids à peu près égaux. La viande sera toujours placée dans un des compartiments de la marmite.

L'éclaireur étant presque toujours destiné à agir isolément, devra être pourvu d'un mode d'attache individuel pour son cheval. Il aura donc un piquet ferré portant un anneau auquel il pourra boucler l'entrave paquetée sur la sacoche de gauche. Ce piquet sera disposé sur le porte-manteau, la pointe à gauche, et recouvert de la toile de tente ployée

L'uniforme de l'éclaireur à cheval consistera en une veste

droite sans taille (modèle de l'ancienne veste des cent gardes) de couleur marron, ou bleu foncé, à deux rangées de boutons blancs mats ; un képi de même couleur à turban rouge ; un pantalon rouge à tiges, une paire de demi-bottes à éperons fixes ; un manteau-capote à manches, de la couleur de la veste, semblable à celui de la cavalerie prussienne : un collet en toile imperméable sera habituellement ployé par-dessus le manteau sur les sacoches.

L'armement se composera d'un fusil système chassepot ; un sabre modèle de cavalerie légère porté sous la veste par un ceinturon noir qui soutiendra, à droite, une poche cartouchière en cuir souple pour les cartouches du fusil ; à gauche un étui de révolver à l'extérieur duquel sera fixé une pochette pouvant contenir 24 cartouches pour cette arme, qui sera à 6 coups et à percussion centrale.

Un petit bidon métallique recouvert de drap, fermé par un bouchon à vis, et porté en sautoir, complétera l'équipement.

La tenue des officiers sera la même que celle de la troupe, sauf qu'ils auront les boutons argentés et mats ; le grade sera indiqué par des galons plats en argent, dits de marine cousus autour des manches : le képi ne portera pas de soutache, mais le numéro du régiment en argent sera fixé sur le turban : ils n'auront pas de fusil et devront être munis d'une jumelle et d'une boussole. L'équipement et le harnachement seront les mêmes que ceux des cavaliers, avec cette exception que la distribution et la composition du paquetage seront laissées à leur convenance, en conservant toutefois la marmite à compartiments et le mode d'attache des chevaux.

VI

Après avoir décrit entièrement l'organisation intérieure des régiments d'éclaireurs à cheval, nous allons examiner à présent leur mode d'existence pendant la paix et assister à leur mobilisation lors d'une déclaration de guerre.

Le nombre de régiments d'éclaireurs à cheval sera égal à celui des corps d'armée permanents que comportera l'organisation militaire définitive de la France. Le nombre dont on parle le plus serait 20 : acceptons-le. Nous aurons donc 20 régiments d'éclaireurs à cheval, qui, chacun, en principe, seront attachés à un corps d'armée et seront numérotés de 1 à 20. Toutefois, comme il importe que ces cavaliers, ou tout au moins leurs officiers, soient familiarisés avec des terrains de nature diverse, les régiments d'éclaireurs ne seront pas astreints au régime des garnisons quasi-sédentaires qui paraissent devoir être la conséquence du nouvel ordre de choses.

A leur point de vue, la France sera divisée en 4 régions, comprenant chacune les chefs-lieux militaires d'un certain nombre de corps d'armée : une région maritime, une de plaines, une de montagnes, une de cours d'eaux et marais. Tous les deux ans, les régiments changeront de région, de telle sorte qu'ils soient obligés de séjourner deux ans dans chacune des trois autres avant de revenir à leur point de départ. Ces mouvements se feront au mois d'octobre, époque où l'escadron de dépôt est presque arrivé au même degré d'instruction que les escadrons actifs. Ils auront lieu par étapes, en observant toutes les prescriptions et déployant toute la vigilance usitées en campagne : ce serait donc un grand exercice pratique de marches.

Les garnisons seront toujours au chef-lieu des corps d'armée dont le commandant aura sous ses ordres directs et sans intermédiaire le colonel du régiment d'éclaireurs : il pourra lui tracer un plan d'ensemble pour le travail extérieur en cherchant toujours à se baser sur l'hypothèse d'une offensive ou d'une défensive réelles dans le pays.

Si la guerre venait à être déclarée, chaque régiment d'éclaireurs marcherait avec le corps d'armée dont il occuperait la circonscription. De cette façon, les hostilités ne commençant presque jamais en automne, le général commandant le corps d'armée connaîtrait le colonel de ses éclaireurs, puisqu'au minimum il aurait été en relations avec lui depuis 6 mois : il pourrait donc compter sur un concours utile et intelligent.

Aussitôt l'ordre de mobilisation arrivé, le colonel prendra les dispositions suivantes :

Il constituera tout d'abord le dépôt de guerre, qui comprendra outre l'escadron de dépôt que nous connaissons avec ses cadres complets:

1º Les ateliers avec les chefs ouvriers;

2º Un brigadier par escadron actif. Ces gradés seront spécialement chargés de conduire à la partie active du corps les envois d'hommes, etc., qui seront faits par le dépôt ;

3º Les élèves brigadiers, sauf ceux qui auront été classés sous les premiers numéros, et qui seront versés aux escadrons de guerre pour en compléter les cadres ; les autres seront replacés au cours de la campagne et suivant les besoins, en se conformant toujours à l'ordre de classement. Cependant, pour assurer une récompense aux cavaliers des escadrons de guerre, le dépôt ne fournira qu'un brigadier pour trois vacances ; les capitaines pourvoieront aux deux autres, mais les brigadiers ainsi nommés, quelque soit d'ailleurs leur grade à la fin de la campagne, devront toujours faire un stage de 6 mois au peloton d'instruction du dépôt quand le régiment rentrera en garnison.

Le dépôt sera commandé par le lieutenant-colonel, ayant sous ses ordres le plus jeune chef d'escadron et un adjudant-major.

Les capitaines commandants, dont les escadrons doivent toujours, en temps de paix, être pourvus au complet de tous les effets d'habillement, de harnachement, de grand et de petit équipement, touchent les toiles de tente, seul effet de campement nécessaire, puisque les entraves, marmites, etc., sont toujours en distribution. Puis, ils organisent leur convoi.

A cet effet, chaque escadron a deux voitures du modèle actuellement en usage. La voiture N° 1 contient :

1° Un nombre de vestes de rechange égal au tiers de l'effectif de l'escadron et de toutes tailles ;

2° Le même nombre de gourmettes ;

3° Un nombre de brides égal au sixième de l'effectif ;

4° Des poitrails, croupières, paires de sangles, étrivières, entraves, etc., de rechange en même quantité ;

5° Trois cantines : une pour les capitaines, une pour les lieutenants, une pour les sous-lieutenants, contenant pour chacun de ces officiers un uniforme complet de rechange.

100 cartouches de révolver par homme.

Ces divers objets sont touchés aux magasins, qui doivent les fournir sur des bons signés par le capitaine commandant qui reste pécuniairement responsable de leur conservation et de leur distribution.

Cette voiture, accompagnée par le brigadier-fourrier, marche avec le convoi général du corps d'armée : elle est conduite par un ouvrier.

La voiture N° 2 contient :

1° Une cantine par officier : cette cantine, construite très-légèrement en bois recouvert de cuir parcheminé (système Germain) et dont les dimensions seront calculées pour entrer exactement dans la voiture, ne pourra pas peser pleine plus de 25 kilogrammes ;

2° Une cantine pareille pour la comptabilité ;

3° Une autre qui contiendra les ouvrages militaires, cartes, plans, etc., nécessaires aux opérations de la campagne ;

4° Une cantine plus grande, qui contiendra le matériel de cuisine des officiers et qui sera toujours placée la première à l'arrière de la voiture.

5° Une tente un peu grande pour le capitaine commandant.

Cette voiture sera conduite par un cavalier non monté qui servira de cuisinier aux officiers quand l'escadron sera réuni.

Elle sera toujours au bivouac du capitaine commandant.

Ceci terminé, le régiment, qui, sous le rapport des hommes et des chevaux, sera toujours sur le pied de guerre, sera prêt à se mettre en marche.

Tant que l'on sera hors de la zone des opérations militaires, le régiment marchera réuni et tiendra la tête de colonne sous les ordres du chef d'escadron mobilisé, le colonel devant toujours accompagner le quartier-général du corps d'armée.

Lorsqu'on arrivera sur le théâtre de la guerre, le commandant du corps d'armée prescrira au colonel de détacher le nombre d'escadrons nécessaire pour le couvrir sur son front, sur ses flancs, se relier aux corps d'armée voisins, surveiller de près l'ennemi et se lier à tous ses mouvements. En supposant que le corps d'armée se compose de quatre divisions d'infanterie, trois escadrons au plus suffiront généralement pour ce service ; les deux autres serviront à relever les premiers en suivant un tour réglé selon les nécessités du moment ; on évitera ainsi l'épuisement trop rapide des chevaux ; cet épuisement était si grand chez ceux des uhlans, que les chevaux du 16e régiment pris le 16 août purent à peine, le 17, se traîner jusqu'au bivouac de Moulin-Longeau, distant de Gravelotte de 6 kilomètres environ.

Les capitaines désignés prendront alors les dispositions qu'ils jugeront les plus convenables pour remplir cette mission. Ils détacheront à leur tour, pour les détails de ce service, des sections commandées par des officiers. Une section au moins demeurera toujours auprès du capitaine ; elle n'aura pas de maréchal-des-logis, le sien ayant été détaché au quartier général pour servir d'estafette au colonel : les sections alterneront autant que possible par jour pour ce service.

Chaque capitaine-commandant sera accompagné de son maréchal-des-logis-chef qui portera un fanion de couleur distinctive selon les escadrons : bleu-clair pour le premier , blanc pour le 2e ; rouge pour le 3e ; noir pour le 4e ; jaune orange pour le 5e. L'escadron de dépôt aura seul un fanion aux couleurs nationales, qui servira, en temps de paix, d'étendard au régiment pour les parades, revues, etc., afin que l'ennemi venant à s'en emparer, ne puisse pas s'attribuer des trophées imaginaires. Les fanions des escadrons seront, au bivouac, plantés près de la tente des capitaines commandants et serviront ainsi à indiquer son emplacement.

Chaque soir, les capitaines commandants, aidés du capitaine en second et du maréchal-des-logis-chef, résumeront les rapports des officiers détachés en reconnaissance, qui les leur feront parvenir aussitôt la nuit venue. Les officiers emploieront pour cela un maréchal-des-logis auquel ils remettront, outre leurs rapports, un double des réquisitions qu'ils auront eu occasion de faire pendant la journée. En effet, les pelotons détachés souvent au loin et pour plusieurs jours se trouveraient fort mal du système des distributions régulières : chaque officier sera donc autorisé à pourvoir, par voie de réquisitions remboursables, aux besoins de la troupe qu'il commande ; il sera, à cet effet, muni d'un livret à souche d'où il détachera les ordres de réquisition conservés en copie sur la souche, et le maréchal-des-logis porteur du rapport, remettra au 2e fourrier le double des souches employées dans la journée. Ce fourrier (qui sera l'intermédiaire habituel entre le capitaine-commandant et l'intendance, et qui surveillera les distributions lorsqu'elles auront lieu, afin de décharger de ce service les officiers de section) centralisera immédiatement les réquisitions faites par l'escadron dans la journée, et en fera parvenir le relevé à l'intendant du corps d'armée. Chaque officier sera pécuniairement responsable des perceptions exagérées par lui ordonnées; toute réquisition irrégulière faite par un cavalier sans qu'il en ait reçu l'ordre ou qu'il puisse en justifier l'absolue nécessité sera punie de mort. Le pillage, en effet, quel que soit son déguisement est toujours un danger pour la discipline ; il serait la perte d'un corps jouissant d'une initiative aussi étendue que les éclaireurs. Ce rapport sera porté au colonel par le capitaine en second qui ajoutera verbalement les explications nécessaires et prendra les ordres pour le lendemain. Le colonel centralisera alors le travail de reconnaissances du régiment, et sera aidé par les adjudants-majors et le chef d'escadron ; il transmettra immédiatement ce rapport au général commandant le corps d'armée.

S'il a quelques communications à faire à ses capitaines dans la journée, il emploiera les maréchaux des logis qui auront été détachés près de lui. Ces sous-officiers pourront transmettre des ordres verbaux ou par écrit et, dans ce cas, généralement chiffrés. Si la communication est plus importante, on pourra employer à ce service les adjudants-majors où même le chef d'escadron.

Les capitaines commandants, de leur côté, pourront faire parvenir au colonel, dans la journée, et aussi souvent qu'ils le jugeront nécessaire, les renseignements qu'ils croiront urgent de lui faire connaître. Ils utiliseront pour ce service leurs capitaines en second ou des sous-officiers, mais éviteront généralement d'y employer des officiers de section.

Enfin, si une bataille s'engage, le régiment d'éclaireurs se reploiera en arrière de son corps d'armée, et restera autant que possible, à l'abri du feu, son rôle spécial ne devant recommencer que lorsque l'ennemi se mettra en retraite et qu'il sera nécessaire de surveiller sa marche. Toutefois les régiments d'éclaireurs appartenant aux corps d'armée des ailes, s'étendront sur les flancs du champ de bataille, chercheront dans leurs reconnaissances, à déborder l'ennemi, et signaleront tout mouvement tournant, toute arrivée de renforts ou toute concentration menaçante de sa part.

VII

Nous avons maintenant à peu près terminé cette étude. Le régiment d'éclaireurs, instruit pendant les laborieux loisirs de la paix, est entré en campagne : sa mobilisation n'a présenté ni difficulté ni retard parce que, destiné par excellence aux opérations préliminaires de la guerre , son organisation spéciale lui permet d'être toujours prêt à partir. Mais il reste au nouveau corps une épreuve capitale à traverser et dont tous les écrivains militaires sont unanimes à constater le danger. Nous voulons parler du retour à la garnison.

Le passage du pied de guerre au pied de paix est presque toujours le moment où se manifestent l'indiscipline et le désordre dans les corps qui souvent ont admirablement supporté les plus cruelles privations. Les causes de ce fait sont multiples : le commandement s'est généralement un peu relâché pendant la guerre ; les détails du service intérieur n'ont pas pu être exécutés avec la même régularité soutenue ; en un mot, un laisser-aller de tous rend plus difficiles à remettre en mouvement les rouages de la machine militaire sans lesquels une armée ne saurait être qu'une coûteuse source de désordres.

Nous ne prétendons pas que les régiments d'éclaireurs,

constitués d'après les principes que nous venons d'exposer, soient à l'abri de ces dangers : nous croyons seulement que pour eux ils seront moins redoutables. En effet, toute la vie militaire de nos éclaireurs se passe dans leur escadron qui conserve, en dehors des services généraux, pansage, etc., son autonomie parfaitement distincte ; toutes les attributions que les officiers et les cadres avaient pendant la guerre, ils les conservent en rentrant sur le pied de paix : le commandement est exercé de la même manière par les mêmes chefs dont le soldat a pu apprécier en campagne l'intelligence et le courage : aucun organe nouveau n'intervient et, par conséquent, une des plus grandes causes de secousses, le changement dans les relations des cadres, nous paraît écarté.

Tous les services peuvent donc immédiatement reprendre avec régularité, et en causant le moins possible de ces à-coups dont le soldat souffre et dont les mauvaises têtes profitent pour prêcher l'insubordination.

Il nous paraît presque superflu d'insister sur les services que des régiments d'éclaireurs à cheval, hardis, instruits et bien organisés, eussent rendus dans la dernière campagne ; même en acceptant les dispositions imprévoyantes qui furent prises au début de la guerre, il est impossible de croire que son issue eut été aussi désastreuse.

Toutes nos défaites, en effet, sont dues à la manière insuffisante dont nos corps d'armée étaient couverts : or, supposons, par hypothèse, l'application de notre système aux opérations de la première semaine du mois d'août 1870. Le général Douay, à Wissembourg, aurait connu la marche des Prussiens à temps pour se retirer, ou, s'il avait cru nécessaire d'accepter la lutte, pour en informer le maréchal de Mac-Mahon ; deux jours plus tard, le général de Failly eût été exactement renseigné sur le mouvement qu'exécutaient les Bavarois, et ne serait pas demeuré si longtemps dans l'inaction qui nous fit perdre la bataille de Reischoffen. Le même jour, le général Froissard aurait été sur ses gardes ; ses éclaireurs extrêmes, se reliant avec ceux de Mac-Mahon, auraient connu le mouvement général de toute l'armée allemande, et il nous eût été facile, en jetant à propos un corps d'armée voisin, le 3e par exemple, qui était à Saint-Awold, sur le champ de bataille de Forbach, de remporter une victoire là où nous avons subi un irréparable échec. Enfin, l'incertitude où le maréchal Bazaine resta du 9 au 15 août après la retraite sur Metz, n'aurait pas pu se produire, si un bon service de reconnaissance lui avait révélé avec certitude le point ou les armées prussiennes se concentraient. Quelques jours plus tard, le commandant en chef eût su apprécier plus exactement les résultats de la victoire du 16, et la bataille du 18 août eut été évitée, etc. Nous nous arrêtons ici : on pourrait en effet multiplier les exemples à l'infini, sans parvenir à rien prouver rigoureusement. Dans les choses militaires, la guerre seule peut consacrer le mérite d'un système ou d'une institution. En dehors de cette redoutable épreuve, les opinions ne peuvent être fondées que sur des hypothèses plus ou moins acceptées. Celles qui nous ont fait concevoir le présent travail sont les suivantes :

En graduant convenablement les exercices, on peut arriver à donner à tout soldat une certaine dose d'instruction intellectuelle.

A la guerre, l'esprit d'initiative d'une petite troupe fait plus pour éclairer un corps d'armée que la force majestueuse dans son unité, et difficile à manier, de nombreux escadrons.

Un corps appelé à n'être employé devant l'ennemi que dans les conditions qui, par excellence, engendrent l'indiscipline, doit, pour être à même de résister à ces influences désorganisatrices, être constitué de telle sorte, que le passage du pied de paix au pied de guerre et les nombreuses nécessités de la campagne apportent le moins de perturbation possible dans son commandement et son administration.

Nous sommes tellement persuadé de la vérité de ces hypothèses, que nous les admettrions volontiers comme axiomes, et nous croyons avoir raisonné de manière à donner, du problème qu'elles nous posaient, une solution, sinon la meilleure possible, tout au moins pratique et satisfaisante.

En outre, tout projet mûrement étudié doit supporter, doit même provoquer la discussion : nous avons donc recherché les principales objections qui pouvaient nous être faites.

La première est probablement fondée sur la difficulté qu'il y aurait à donner, dans un régiment, d'une manière générale, une instruction intellectuelle suffisante. A ceci, nous répondrons que le problème est résolu depuis longtemps dans les régiments du génie. Sans doute, les exigences spéciales du service intérieur dans les troupes à cheval ne permettent pas de consacrer à l'instruction proprement dite le même temps que dans un corps de troupes à pied ; mais aussi, nous arrêtons nos programmes bien en deçà du point qu'atteignent les écoles régimentaires du génie.

La deuxième objection tient à la difficulté (qui, pour beaucoup, semblera peut-être une impossibilité) de constituer des cadres assez instruits pour les régiments d'éclaireurs.

Que la loi assure des avantages à ces officiers, et nous sommes certain, quant à nous, que des concours suffiraient à fournir les éléments nécessaires pour constituer ces cadres : si l'avancement, dans les troupes à cheval, avait lieu non plus par corps, mais sur toute l'arme, et qu'on réservât, dans les grades subalternes, les deux tiers des tours de choix aux éclaireurs ; si l'on exigeait absolument que, pour passer au choix chef d'escadron, tout officier de cavalerie eût servi deux ans au moins comme capitaine d'éclaireurs, les officiers jeunes et ambitieux brigueraient, nous n'en doutons pas, ce service, et sauraient s'en montrer dignes par leur travail.

On nous dira encore que des régiments où l'instruction militaire s'arrête à l'école d'escadron, seront impuissants sur le champ de bataille ; aussi, avons-nous eu soin de spécifier que, destinés à un service tout spécial, les éclaireurs, pendant le combat, céderaient la place aux dragons et aux cuirassiers, dont l'instruction militaire resterait ce qu'elle est aujourdhui, et qui seraient exclusivement employés en ligne.

L'initiative laissée aux capitaines affaiblira dans nos régiments l'unité d'impulsion donnée jusqu'ici à tous les services par le colonel : sans doute ; mais, en temps de guerre, lorsqu'il faudra pousser au loin une reconnaissance hardie, sera-t-il adroit, sera-t-il même prudent de la faire exécuter par 4 escadrons, et ne vaut-il pas mieux ne la confier qu'à un seul sous les ordres d'un officier habitué à bien apprécier toutes les ressources que lui présente l'intelligence de ses cavaliers ?

Enfin, les régiments d'éclaireurs exigeront un casernement spécial, des manéges plus nombreux, une salle d'école par escadron, une salle de réunion pour les sous-officiers, une bibliothèque, etc., en un mot, de nombreuses et coûteuses modifications à la distribution de nos bâtiments militaires. A ces objections nous n'avons qu'une réponse à faire : Vaut-il mieux préparer en temps de paix la victoire en dépensant quelques millions, ou payer 5 milliards et perdre deux provinces à la suite d'une guerre désastreuse ? C'est notre patriotisme qui seul peut nous éclairer et nous faire sortir des ornières de la routine.

TABLE